KV-190-443

Cynnwys

Ble mae Botswana? **Affrica**

Beth ydy Botswana? **Gwlad**

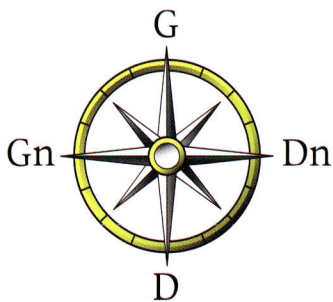

de **De Affrica**   gorllewin **Namibia**

gogledd **Zambia**   dwyrain **Zimbabwe**

2

E

na

es

RP. - 8 DEC 2014

RP.

Rhif/No. ————————— Dosb./Class WJ916·883

Dylid dychwelyd neu adnewyddu'r eitem erbyn neu cyn y dyddiad a nodir uchod.
Oni wneir hyn gellir codi tal.

This book is to be returned or renewed on or before the last date stamped above,
Otherwise a charge may be made.

LLT1

GW 3381559 3

caa

PRIFYSGOL
ABERYSTWYTH

ⓑ Prifysgol Aberystwyth, 2010 ©

Mae hawlfraint ar y deunyddiau hyn ac ni ellir eu hatgynhyrchu na'u cyhoeddi heb ganiatâd perchennog yr hawlfraint.

Cyhoeddwyd gan y Ganolfan Astudiaethau Addysg, Aberystwyth
(www.caa.aber.ac.uk)

Noddwyd gan Lywodraeth Cynulliad Cymru.

Cyhoeddwyd dan nawdd Cynllun Adnoddau Addysgu a Dysgu CBAC.

ISBN: 978-1-84521-395-4

Golygwyd gan Delyth Ifan
Dyluniwyd gan Richard Huw Pritchard
Argraffwyd gan Argraffwyr Cambria

Diolch i Ceri Lewis am ganiatâd i atgynhyrchu delweddau.

Gwnaethpwyd pob ymdrech i olrhain a chydnabod deiliaid hawlfraint.
Bydd y cyhoeddwyr yn falch i wneud trefniadau addas gydag unrhyw ddeiliaid na lwyddwyd i gysylltu â nhw.

Diolch hefyd i Sasha Butler, Emma Dermody a Caroline Thonger am eu harweiniad gwerthfawr.

DERBYNIWYD/ RECEIVED	– 8 DEC 2010 ✓
CONWY	
GWYNEDD	
MÔN	
COD POST/POST CODE	LL5 1AS

Baner Botswana

Pam glas, du a gwyn?

glas	glaw a dŵr
du	pobl ddu
gwyn	pobl wyn / ffrindiau / heddwch

Teithio i Botswana

Mewn awyren

Llundain i
Johannesburg

Johannesburg
i Botswana

Ar y bws

gorsaf fysiau
Gaborone

Teithio yn Botswana

Mae pobl yn teithio ar y bws.

Mae pobl yn teithio ar y trên.

Mae pobl yn teithio yn y bws mini gwyn.

Mae pobl yn beicio.

Mae pobl yn cerdded.

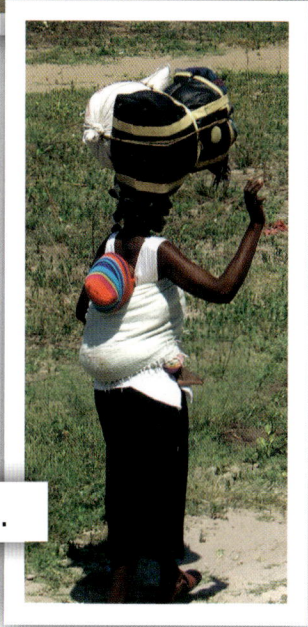

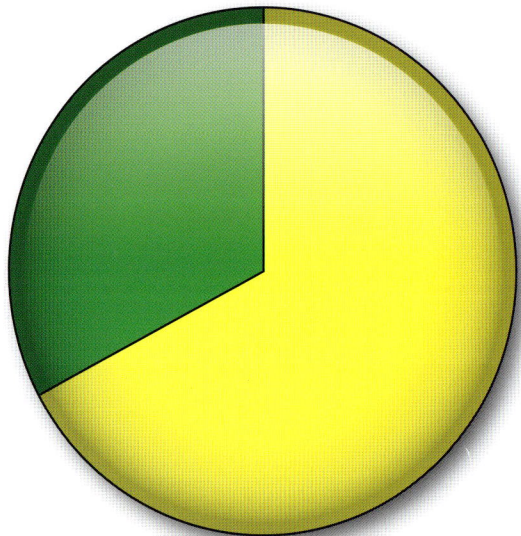

craig, tir ffermio

tywod

tywod y Kalahari

tir ffermio

Mae hi'n sych iawn yn y Kalahari.

Glaw 250mm mewn blwyddyn.

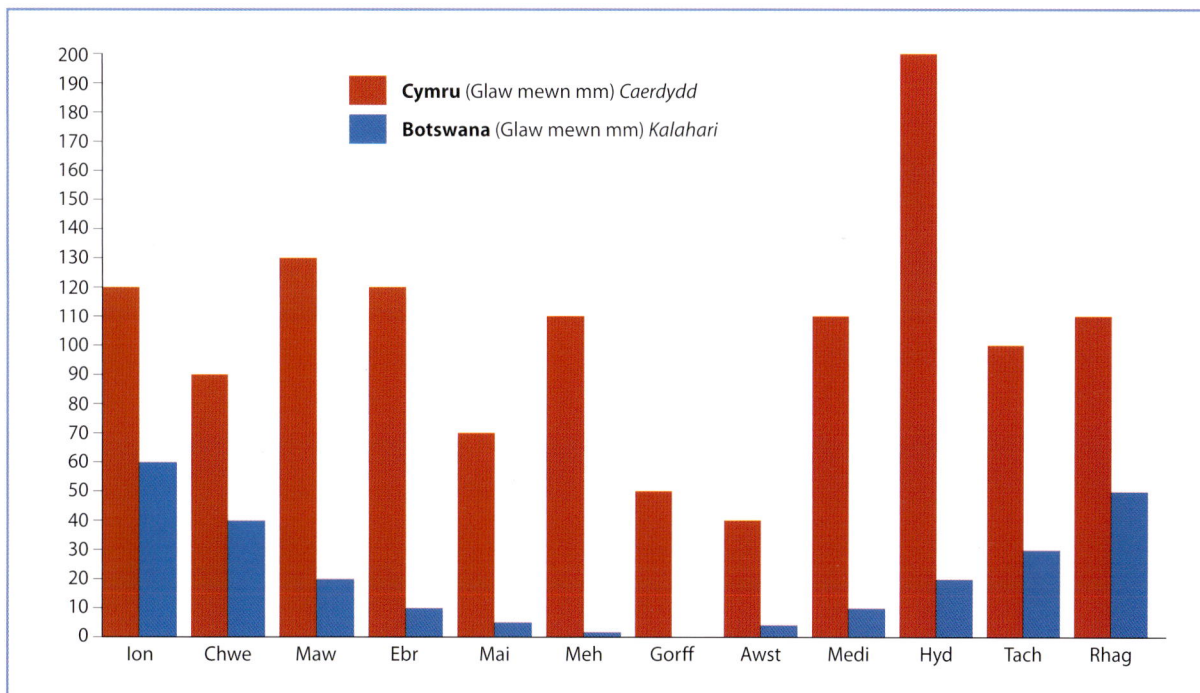

Legend:
Cymru (Glaw mewn mm) *Caerdydd*
Botswana (Glaw mewn mm) *Kalahari*

Months: Ion, Chwe, Maw, Ebr, Mai, Meh, Gorff, Awst, Medi, Hyd, Tach, Rhag

Mae hi'n llai sych yn Delta Okavango yn y gogledd.

Glaw 650mm mewn blwyddyn.

Mae hi'n boeth iawn.

Haf 27˚C (mis Ionawr)

Gaeaf 14˚C (mis Gorffennaf)

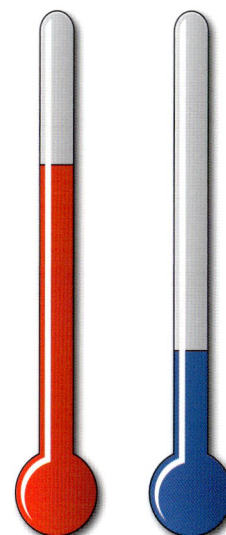

Mae hi'n oer yn y nos yn y gaeaf.

Anifeiliaid Botswana

Mae'r rhinoseros gwyn yn byw yn Botswana. Dyma'r rhinoseros gwyn.

Mae'r llew yn byw yn Botswana. Dyma'r llew.

Mae'r impala yn byw yn Botswana. Dyma'r impala.

Mae'r steenbok yn byw yn Botswana. Dyma'r steenbok.

Mae'r anifeiliaid yma yn byw yn Botswana hefyd:

llewpart	babŵn
jiráff	crocodeil
sebra	hipopotamws

Mae'r eliffant yn byw yn Botswana.

MAE'R CLUSTIAU MAWR YN CADW'R ELIFFANT YN OER YN Y TYWYDD POETH!

eliffant Affrica

eliffant India

Beth sy'n wahanol?

Weithiau, mae gormod o eliffantod yn Botswana.

Problem!

GORMOD?

Ond hefyd…

Mae llai o eliffantod heddiw.

Mae pobl yn lladd eliffantod.

Mae pobl eisiau ifori.

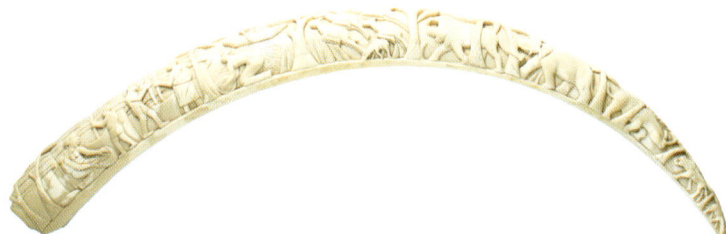

Gwarchodfa Natur Mokolodi

Mae Mokolodi yn hwyl!

Dw i'n hoffi ...

tracio rhinoseros a jiráff

gweld y sebra

mynd ar saffari

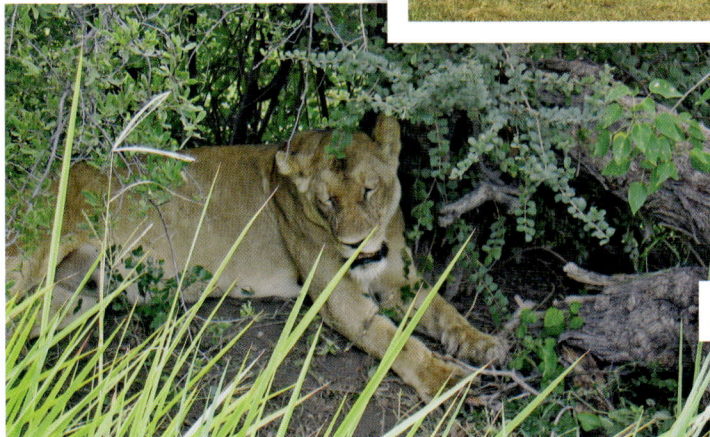

gwylio'r llew

Dyma'r plant yn ysgol Lesedi.

Mae ysgol Lesedi yn Gaborone.

Mae'r plant yn hoffi dawnsio.

Mae'r plant yma yn mynd i ysgol gynradd Sankuyo.

Diwrnod ysgol

| codi | dechrau ysgol | amser chwarae | gwersi | gorffen yr ysgol |

Gwersi

Saesneg

Setswana

mathemateg

gwyddoniaeth

amaethyddiaeth

Mae pobl yn bwyta cig: cig oen, cig dafad, cig gafr, cyw iâr.

Mae pobl yn bwyta pysgod.

Mae pobl yn bwyta ffrwythau.

Mae pobl yn bwyta llysiau: moron, bresych, nionod/winwns, tatws, tatws melys, pwmpen.

Mae pobl yn coginio y tu allan.

Gaborone:
Prifddinas Botswana

tŷ yn Gaborone

Sankuyo: Pentref

tŷ yn Sankuyo

Siopa yn Gaborone

Mae pobl yn siopa yn yr archfarchnad.

Siopa yn Sankuyo

Mae pobl yn siopa yn y pentref.

Pula ydy arian Botswana.

MAE POBL BOTSWANA YN HOFFI GLAW!

Pula = glaw/dŵr

Mae pobl yn …

gwehyddu

ffermio

gwneud basgedi

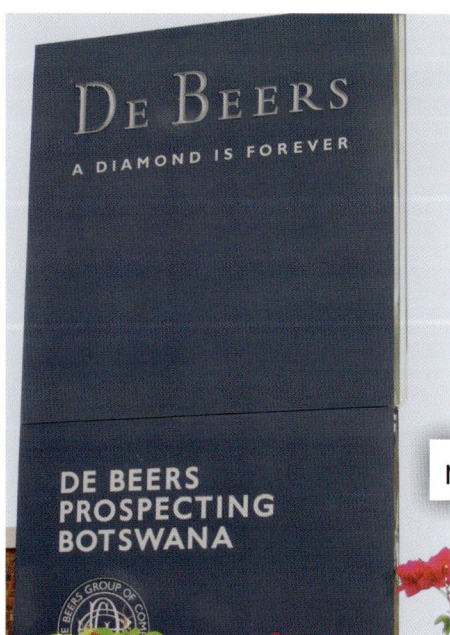

mwyngloddio diemwntau

Hamdden yn Botswana

Pêl-droed

Enw tîm pêl-droed Botswana ydy'r *Zebras*. Lliw y dillad ydy glas, du a gwyn, fel baner Botswana.
Pêl-droediwr o Botswana ydy Dipsy Selolwane.

Rygbi

Enw tîm rygbi Botswana ydy'r *Vultures*.
Lliw y dillad ydy glas, du a gwyn, hefyd fel baner Botswana.

© www.lusakatimes.com

Sgôr uchaf: Botswana 37 – 0 Nigeria (2004)
Sgôr isaf: Zimbabwe 130 – 10 Botswana (1996)

Mae pobl Botswana yn hoffi criced ac athletau hefyd.

Sparkling business opportunities in Africa's most stable econo

Botswana
Now Open
for Business

SAFARIS   MOKORO TRAILS   INTERNET CAFE'

DEWCH AR WYLIAU I BOTSWANA!

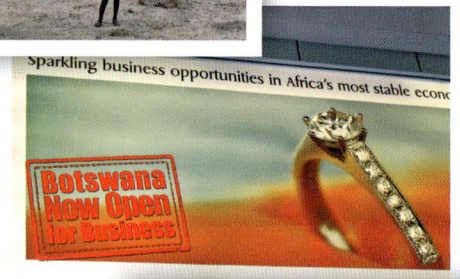